La vecina de al lado

Adaptación didáctica y actividades por **M. Barberá Quiles**

Ilustraciones de **Alfredo Belli**

Redacción: Maria Grazia Donati
Diseño y dirección de arte: Nadia Maestri
Maquetación: Carlo Cibrario-Sent
Búsqueda iconográfica: Alice Graziotin

© 2012 Cideb, Génova, Londres

Primera edición: enero de 2012

Créditos fotográficos: Photos.com; IstockPhoto; DreamsTime;
Charles Bowman/Robert Harding /CuboImages: 4;
Charles Bowman/Robert Harding /CuboImages: 5;
© Francesc Muntada/CORBIS: 6

Todos los sitios internet señalados han sido verificados en la fecha
de publicación de este libro. El editor no se considera responsable
de los posibles cambios que se hayan podido verificar. Se aconseja a
los profesores que controlen los sitios antes de utilizarlos en clase.

Para cualquier sugerencia o información se puede establecer
contacto con la siguiente dirección:
info@blackcat-cideb.com
www.blackcat-cideb.com

The Publisher is certified by

 CISQCERT

in compliance with the UNI EN ISO 9001:2008
standards for the activities of «Design and
production of educational materials»
(certificate no. 02.565)

ISBN 978-88-530-1222-7 libro + CD

Impreso en Italia por Litoprint, Génova

Índice

Texto integralmente grabado.

Este símbolo indica las actividades de audición.

DELE   Este símbolo indica las actividades de preparación al DELE.

La Alpujarra

La Alpujarra (o Las Alpujarras) es una comarca [1] de Andalucía, en el sur de España. Incluye parte de la provincia de Granada y parte de la provincia de Almería, en las faldas de la ladera sur de Sierra Nevada. Fue poblada y visitada desde la antigüedad. Su riqueza minera (oro, plata, plomo, hierro...) atrajo a íberos, griegos y romanos. Fue la época en que se fundaron los primeros asentamientos. Pero es la época de dominio musulmán la que le dotó de su imagen actual.

En textos antiguos a veces la región es denominada *alpujarras*, nombre que deriva del término árabe (*al-bugscharra*) "la tierra de hierba" o "tierra de pastos".

1. **comarca** : división de territorio que comprende varias poblaciones.

La región consiste principalmente en una serie de valles que descienden en ángulo recto desde las cumbres de Sierra Nevada en el Norte, a la Sierra de la Contraviesa y Sierra de Gádor, las cuales la separan del Mar Mediterráneo, al Sur.

La región es de una enorme belleza natural, y con frecuencia es denominada como la Suiza de España. A causa de su clima suave, combinado con un caudal abundante de agua de los ríos que descienden de Sierra Nevada, las máximas precipitaciones anuales se producen en otoño. Los valles de la Alpujarra disfrutan de un importante grado de fertilidad, aunque a causa de la naturaleza del terreno sólo pueden ser cultivados en pequeñas parcelas, por lo cual las técnicas modernas de agricultura no suelen ser fáciles.

Abundan los árboles frutales, como naranjos, limoneros, caquis, manzanos, higueras, castaños, almendros, y los viñedos y gran parte del terreno se dedicó antiguamente al cultivo de la morera para la industria principal de la elaboración de la seda.

Sierra Nevada

Pueblo en La Alpujarra

Salpicada de pueblos de singular encanto, con claras reminiscencias bereberes, esta comarca mantiene con fuerza su singularidad, tanto en sus elementos urbanísticos, como en sus costumbres populares.

Pequeños pueblos blancos, con los balcones salpicados de flores, trepan por las pendientes en terraza e interrumpen el salvaje equilibrio de una naturaleza casi intacta. Cuando se pasea por sus senderos, uno se encuentra con una gran diversidad de especies endémicas de flora y fauna.

Tres colores destacan en la Alpujarra: el verde de su paisaje, el azul del cielo y del mar al fondo, el blanco de sus pueblos y de la nieve próxima de la Sierra Nevada.

La Alpujarra es una de las comarcas andaluzas más singulares. La belleza de sus increíbles paisajes ha cautivado a innumerables artistas y escritores desde hace siglos. Pocas comarcas han sabido conservar como ella, su belleza y su misterio.

Por esta comarca pasaron Pedro Antonio de Alarcón, quien dejó escrito *La Alpujarra: sesenta leguas a caballo, precedidas de seis en diligencia,* el primer libro de viajes escrito en castellano; pero también Federico García Lorca, Julio Caro Baroja, Virginia Woolf, el hispanista Gerald Brenan, Richard Ford o Antonio Gala. Han sido autores que se han visto cautivados por esta comarca, que tal vez sea una de las zonas que han servido de inspiración a un mayor número de libros de viajes. Además, pintores, poetas o músicos de gran renombre han buscado inspiración en esta tierra.

Comprensión escrita

1 **Vuelve a leer el dossier y elige la respuesta correcta.**

1 La Alpujarra se encuentra en
   a ☐ Extremadura   b ☐ Andalucía   c ☐ La Mancha

2 Su nombre deriva del
   a ☐ italiano   b ☐ francés   c ☐ árabe

3 En la antigüedad era rica en
   a ☐ minas   b ☐ b frutos secos   c ☐ naranjos

4 Se encuentra a los pies de
   a ☐ los Pirineos   b ☐ la Sierra Morena   c ☐ la Sierra Nevada

5 Las máximas precipitaciones tienen lugar en
   a ☐ verano   b ☐ primavera   c ☐ otoño

2 **Durante unas vacaciones en La Alpujarra ¿cuál de estas actividades elegirías? Explica la razón. Puedes elegir varias.**

- excursiones a pie
- excursiones en bici (mountain-bike)
- un curso de lengua española
- un curso de cocina alpujarreña
- reposo
- alpinismo

Personajes

De izquierda a derecha y de arriba abajo:
César, Laura, Isabel, el señor Benítez, el gato Agamenón y el perro Bobo.

Antes de leer

1 Vas a encontrar estas palabras en el capítulo 1. Asocia cada palabra a su imagen correspondiente.

a el equipaje   c el tejado   e la puerta del auto

b una cima   d una cesta   f el sendero

9

La llegada de Isabel

—¡Bienvenida! ¿Has tenido un buen viaje? ¡Entra, entra! ¡He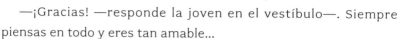
preparado tu torta preferida, así que primero tomamos un café
juntas y después vamos a descargar el equipaje del coche y te
muestro tu nuevo alojamiento! —dice la mujer con una sonrisa.

—¡Gracias! —responde la joven en el vestíbulo—. Siempre
piensas en todo y eres tan amable...

Las dos mujeres se sientan a la mesa de la cocina, se toman un
café y comen un trozo de torta. Laura, la más mayor de las dos, le
hace preguntas a Isabel, la recién llegada, sobre el largo viaje, a
las cuales la chica responde distraídamente. Está embelesada por
el magnífico panorama que se disfruta desde los ventanales y no

le presta atención. La vista sobre las cimas de las montañas, sobre los tejados típicos planos, de launa, [1] que parecen de plata, sobre el valle por donde discurre el río Grande, absorbe sus pensamientos.

—¿En qué estás pensando? Pareces distraída. Te he preguntado si...

—Perdona —le interrumpe Isabel incómoda—. Pero este panorama es único, magnífico... y además tu casa es preciosa. Me gustó desde la primera vez que la vi. ¿Te acuerdas? En aquella época, tú y tu marido la estabais remozando todavía, pero ya se adivinaba que iba a ser un pequeño paraíso.

—Tienes toda la razón —le dice su amiga sonriendo—. Hablaremos de esto, ya es hora de que te quedes con nosotros por una larga temporada. Ahora, vamos.

—¡Estás en lo cierto! Además tengo que ocuparme de Agamenón. Me había olvidado de él. ¡Soy una despistada! ¡Seguramente estará enfadado conmigo! —añade.

Las dos mujeres salen de casa y se dirigen al coche de Isabel, que no está lejos del de Laura. Juntas descargan el equipaje y comienzan a deshacerlo. En un momento dado, Laura interrumpe el trabajo y dice:

—No queda mucho por hacer. Puedes continuar sola, voy a preparar la cena. Te espero en una hora. No llegues tarde —le dice con una sonrisa, y sale.

Una vez sola, la joven comienza a mirar con calma su nueva casa. Agamenón la sigue maullando. Es un viejo henil [2] que Laura

1. **launa** : pizarra en formación. Los tejados de launa son típicos de Las Alpujarras.
2. **henil** : lugar donde se guarda el heno.

y su marido César han transformado con esmero en un apartamento. No es grande: una cocina comedor, una habitación muy espaciosa, un baño y un pequeño trastero. [3] Desde el balcón se disfruta de un panorama maravilloso.

—¿Qué te parece, Agamenón? ¿Te gusta? —le pregunta la muchacha. El gato maúlla con aspecto de fastidio—. ¡Quizá tienes razón! ¡Quién sabe si ha sido una buena idea venir aquí! ¡Además tú eres un gato de ciudad! ¿Te gustará vivir aquí? —Isabel suspira.

— ¡Ven aquí, te preparo tu plato favorito! Seguramente tendrás hambre después de un viaje tan largo!

La cena en casa de Laura es óptima, como siempre, y la velada transcurre alegremente entre charlas y risas.

—¡Vaya! ¡Qué tarde se ha hecho! Debo irme a la cama porque mañana comienza oficialmente mi vida en Trevélez. —exclama Isabel. Después de haber saludado a los amigos, sale y se dirige por el sendero que la conduce a su casita.

El cielo está despejado y lleno de estrellas y el pueblo está en silencio.

— ¡Es increíble! —piensa la muchacha—. La paz y el silencio son extraordinarios. ¡Esto es verdaderamente el paraíso!

---

3. **trastero** : habitación destinada a guardar cosas inútiles.

Después de leer

Comprensión lectora

1 Vuelve a leer el capítulo y contesta a las preguntas.

1 ¿De dónde viene Isabel?

2 ¿Por qué la joven responde distraídamente a las preguntas de su amiga?

3 ¿Quién es Agamenón?

4 ¿Cómo es el apartamento donde vive Isabel?

5 ¿Cómo reacciona el animal en su nueva casa?

6 ¿Qué toma Isabel para merendar?

7 ¿Cena sola Isabel?

8 ¿Cómo reacciona la joven ante la paz del lugar?

2 Antes de irse a la cama Isabel anota velozmente en su diario los acontecimientos más importantes de la jornada. Vuelve a escribirlos con frases completas.

1 viaje bien ....

2 Laura torta ....

3 Trevélez pueblo bellísimo ....

4 apartamento muy bonito ....

5 Agamenón quizá contento de la nueva casa ....

6 cena exquisita ....

7 tarde a casa ....

8 mañana vida Trevélez ....

9 cielo estrellas ....

10 paz y silencio increíbles ....

Comprensión auditiva

3 A Isabel le ha encantado la torta de su amiga. Escucha la grabación y compléta la receta.

Torta real de Motril

Ingredientes

- 3/4 de kg de (1) ....
- 1/2 kg de (2) ....
- 12 huevos
- la ralladura de (3) ....
- 150 g de azúcar glass
- 2 cucharadas de (4) .... de girasol
- 1 cucharadita de (5) .... en polvo

Preparación

(6) .... el horno a 170 º C. En un bol grande, (7) .... los huevos, (8) .... el azúcar, la almendra molida y la ralladura de limón, y (9) .... bien hasta conseguir una pasta homogénea.

(10) .... un molde redondo forrándolo con papel de estraza untado con el (11) .... y poner en él la pasta. Hornear durante 40 (12) ....

Sacar del horno y (13) .... enfriar. Una vez fría, desmoldar (14) .... y adornarla espolvoreando por (15) .... con azúcar glass y canela.

4 ¿Cómo suena: /k/ como *color* o /θ/ como *azul*? Pon una ✗ donde convenga y escribe un ejemplo.

	/k/	/θ/	Ejemplo
ca			
co			
za			
qui			
zo			

15

Léxico

5 Aquí tienes la lista de los muebles y de los objetos que se encuentran en el apartamento de Isabel. ¿Cuáles pertenecen a la cocina, cuáles a la habitación, cuáles al baño, cuáles al trastero? Colócalos en la lista correspondiente.

> cama   ducha   diván   platos   lavadora   mesa
> aspirador   estantería   lavabo   sillón   horno de gas
> espejo   armario   vaso   silla   toalla   cacerola   mantel

Cocina	Habitación	Trastero	Cuarto de baño

La construcción *estar* + gerundio

Esta construcción se usa para expresar una acción en curso en el momento en el que se habla.

Laura le pregunta a Isabel:
—*¿En qué estás pensando?*

Es un tiempo de muy fácil construcción. Utilizamos **el verbo *estar* + gerundio.**

Estoy leyendo un libro interesantísimo.
El gato está durmiendo en la cocina.

En español, el gerundio presenta una terminación regular en -*ando* o -*iendo*, como *cantando* y *corriendo*.

Gramática

6 Completa las frases con el verbo *estar* + gerundio.

1   María y Pablo (*estudiar*) .... para el examen.

2   ¡Ahora vengo! (*terminar*) .... un trabajo.

3   Pero, ¿qué (*hacer, tú*) .... ?

4   Carlos (*pensar*) .... en cambiar de trabajo.

5   El libro que Carmen (*leer*) .... no me gusta.

6   Nosotros (*buscar*) .... una casa nueva.

7   Luís (*beber*) .... un café.

8   Marta (*mirar*) .... la tele.

9   Mi marido (*reparar*) .... la lavadora.

10   Mi madre (*preparar*) .... la cena.

Expresión oral

DELE **7**   ¿Dónde vives? ¿En una casa? ¿En un piso? Intenta describir tu vivienda.

DELE **8**   ¿Has hecho un viaje recientemente? ¿Dónde has estado? Cuéntalo.

Antes de leer

1   Vas a encontrar estas palabras en el capítulo 2. Asocia cada palabra a su imagen correspondiente.

a   prado   c   bandeja   e   tráfico   g   planta   i   boca
b   cuerda   d   niebla   f   pie   h   hamaca

1

2

3

4

5

6

7

8

9

Agamenón provoca un desbarajuste[1]

Al día siguiente Isabel se despierta, o mejor dicho, Agamenón, que se ha subido a la cama, la despierta maullando con insistencia.

—¡Vale! ¡Lo he comprendido! Te preparo algo de comer y después almorzamos juntos en el balcón. ¿Has visto qué sol tan radiante? —le dice Isabel dirigiéndose a la cocina.

El día es magnífico, cálido y lleno de aromas que llegan del jardín y de los prados del pueblo.

—¡Verdaderamente es la estación ideal para comenzar mi estancia aquí! —piensa la chica saliendo al balcón con la bandeja del almuerzo. De repente observa a Agamenón que ha conseguido salir de casa y ahora está explorando, con gran curiosidad, el

---

1. **desbarajuste** : desorden, desconcierto.

jardín de la casa de al lado, junto a un perro grande de aspecto bonachón y simpático.

—¡Qué valiente Agamenón! —dice—. ¿Pero es posible? ¿Ya no tienes miedo? Tú que no salías nunca del pisito en la ciudad. Siempre en tu cesta mirando el tráfico desde la ventana. Ahora incluso has encontrado un amigo... ¡un perro además!

Isabel está agradablemente sorprendida del coraje de su gato y sonríe. De repente sus pensamientos son interrumpidos por una voz varonil. La chica mira hacia el jardín y ve a un hombre alto, bronceado, que le dice, en tono poco cortés:

—¿Es suyo ese gato? ¿Podría venir enseguida a cogerlo?

Isabel alcanza a Agamenón y lo coge en brazos, aunque él se agita y no quiere volver a casa.

—¡¡Mire qué desastre!! —continúa el hombre irritado—. Ha provocado mi perro que ha corrido detrás de él y juntos ¡han estropeado mis plantas! ¿Se da cuenta del daño que ha causado?

Isabel observa el jardín, todo le parece en orden y le gustaría replicar, pero el hombre no le deja ni siquiera el tiempo de abrir la boca.

—Pienso —continúa— que usted es una visitante del turismo rural de la señora Laura Donat. Le estaría muy agradecido si durante su estancia aquí, su gato no entrase más en mi propiedad. ¡Hasta la vista!

Y se marcha arrastrando tras de sí al perro que mira tristemente hacia el gato. Mientras se aleja, Isabel está perpleja, no sabe qué pensar, regresa a casa y sale al balcón con semblante pensativo.

—¡Vaya tipo! —piensa acariciando al gato—. Por supuesto no puedo atarte a una cuerda, ¿verdad gatito?

De lejos ve llegar a Laura, corriendo, como siempre, que la saluda agitando las manos.

—¿Has visto qué sol? ¡Nada que ver con la niebla de la ciudad!

Entra en casa y se sienta junto a ella en la hamaca del balcón.

—¿Has dormido bien? ¿Vas a trabajar un poco hoy?

Isabel no contesta a la pregunta, pero le dice:

—Escucha, Laura, esta mañana he conocido a mi vecino de la casa de al lado —y le cuenta brevemente lo ocurrido.

—Me ha pedido que no deje entrar a Agamenón en su jardín. Y no puedo atar al gato... Pero ¿quién es?

—Vamos... ¡No pongas esa cara! ¡No es cuestión de preocuparse! Quizá el señor Benítez, así se llama tu nuevo vecino, ¡se ha levantado con el pie izquierdo! —le dice su amiga sonriendo—. O quizá es alérgico a los gatos. ¿Quién sabe? A decir verdad es un tipo bastante extraño —continúa Laura—. Nadie del pueblo lo conoce bien. Acerca de él circulan los rumores más extraños. Evita todo contacto con los habitantes de Trevélez. Cuando llegó, hace seis años, nos dio a entender que no quería formar parte de nuestra comunidad, que quería que lo dejasen en paz y solo. Al principio su comportamiento nos ofendió, pero después nos acostumbramos y ahora ya nadie le hace caso. Va y viene. Vive su vida solitaria. La única persona con la que intercambia alguna palabra, de vez en cuando, es César. A él le ha contado que su actividad le permite trabajar en casa. No ha añadido más y César no ha insistido. El señor Benítez compró la casa a una pareja de Bilbao — me parece — que ya no tenía deseos de venir de vacaciones aquí. Ya que ha estado tan explícito, no te acerques a él y no pienses tanto en el asunto —concluye Laura.

Juntas las dos amigas permanecen en silencio gozando del sol primaveral.

Después de leer

Comprensión lectora

1 **Vuelve a leer el capítulo y elige la alternativa correcta.**

1 Agamenón despierta a Isabel porque

    a ☐ quiere comer algo.

    b ☐ quiere salir.

2 El día es

    a ☐ precioso.

    b ☐ frío y lluvioso.

3 Agamenón está explorando

    a ☐ la terraza de la casa vecina.

    b ☐ el jardín de la casa vecina.

4 Los pensamientos de Isabel son interrumpidos por

    a ☐ una voz masculina.

    b ☐ el sonido del teléfono.

5 El tono de voz del hombre es

    a ☐ amable.

    b ☐ descortés.

6 En opinión de Laura el vecino de Isabel se ha levantado

    a ☐ con la mano izquierda.

    b ☐ con el pie izquierdo.

7 El señor Benítez

    a ☐ está perfectamente integrado en la pequeña comunidad.

    b ☐ no habla con nadie.

8 Laura aconseja a Isabel

    a ☐ alejarse del vecino.

    b ☐ salir a su encuentro.

Léxico

2 ¿Conoces los nombres de los animales en español? Asocia el nombre de cada animal a la imagen correspondiente.

a	perro	**d**	gallina	**g**	león	**l**	conejo
b	cabra	**e**	jirafa	**h**	gato	**m**	pez
c	caballo	**f**	cerdo	**i**	tigre	**n**	zorro

3 ¿Qué significan estas expresiones? Une los elementos de las dos columnas.

1	tener la carne de gallina	a ☐	ser muy hábil
2	llevarse como el perro y el gato	b ☐	encontrarse muy a gusto
3	estar como una cabra	c ☐	tener miedo o frío
4	tener cuello de jirafa	d ☐	tener muy malas relaciones con alguien
5	ser astuto como un zorro	e ☐	tener un cuello muy largo
6	encontrarse como pez en el agua	f ☐	estar loco

Los diminutivos

Los diminutivos se utilizan para expresar un juicio afectivo o para indicar la dimensión de un objeto. Se forman añadiendo al sustantivo o al adjetivo las desinencias *-ito/a* y *-illo/a*.
*Tú no salías nunca del **pisito** en la ciudad.*

Los aumentativos se utilizan para indicar admiración o las dimensiones de un objeto. Se forman añadiendo al sustantivo o al adjetivo la desinencia *-azo/a* y *-ón*.
*Un perro de aspecto **bonachón**.*

Gramática

4 Completa las frases insertando una de las palabras indicadas a continuación.

buenazo	laguito	jardincillo	cochazo	placita

1 Ven, vamos a buscar un .... tranquilo.

2 Julio se ha comprado un coche de lujo. ¡Qué .... !

3 Detrás de mi casa hay un .... donde se puede nadar en verano.

4 Delante de mi casa hay una .... con una estatua de Zorrilla.

5 El profesor es un .... Ha aprobado a todo el mundo.

La voz pasiva

En la voz pasiva el sujeto no realiza la acción, sino que la recibe o padece.

El sujeto coincide con el objeto y el agente puede estar especificado o no.

Hay una concordancia entre el sujeto y participio en la voz pasiva de género y número.

En general es la preposición *por*, la que introduce al complemento agente.

La preposición *de* se usa más con: *acompañado, rodeado, seguido, precedido.*

De repente sus pensamientos son interrumpidos por una voz varonil.

Gramática

5 **Transforma las frases con en voz pasiva.**

1   Isabel lee una carta de su familia.

   ....

2   Isabel ha cantado ópera esta mañana.

   ....

3   Vosotros estudiáis un tema nuevo.

   ....

4   Ella compra flores para Laura.

   ....

5   El gato ha provocado el perro.

   ....

Expresión escrita

DELE **6**   **Isabel tiene un gato. Y tú ¿tienes o has tenido algún animal de compañía? Si no lo tienes ¿te gustaría tener uno? Cuenta en 20-30 líneas.**

Antes de leer

1 Vas a encontrar estas palabras en el capítulo 3. Asocia cada palabra con la imagen correspondiente.

a	pared	**c**	rosal	**e**	mejilla
b	ordenador portátil	**d**	peldaños	**f**	enrollado

Un tipo extraño

—¿Qué quieres hacer ahora? —pregunta Laura.

—Preparo la lista de las cosas que me gustaría comprar mañana en el mercado de artesanía de Orgiva. A propósito, ¿a qué hora nos vamos? Te va bien hacia las ocho?

Laura mira el viejo reloj que está sobre la pared, y con una exclamación dice:

—¡Qué tarde se ha hecho! ¡Ahora te tengo que dejar! ¡Debo ayudar a César a barnizar un mueble! De todos modos, ¡escucha! Aun a costa de resultar pesada... ¿Por qué no intentas trabajar un poco en tu nueva novela? Tienes mucho talento, ¿lo sabes? Es una lástima que... ¡vale, vale!

Y se detiene mirando la expresión casi pesarosa de su amiga.

—¡No pongas esa cara! ¡Lo he entendido! Te espero esta noche para la cena. ¿De acuerdo?

Le da un sonoro beso en la mejilla y, sin esperar la respuesta, se va después de acariciar a Agamenón.

«Laura tiene razón» piensa con tristeza Isabel.

Desdichadamente, sin embargo, no consigue concentrarse como antes. Le faltan ideas. Le faltan estímulos.

Vuelve a ver ante ella los títulos de las críticas aparecidas en los periódicos con la publicación de su primera novela: *Joven y llena de talento, Una perfecta obra maestra, Una manera absolutamente nueva y genial de contar viejas historias.* Su primer libro, que contaba la vida de una joven actriz de teatro durante un periodo histórico muy difícil, ha sido inmediatamente un éxito de público y de crítica.

«Ahora me siento vacía. Ya no consigo pensar. ¡Ya no tengo energías! Desde hace mucho tiempo la casa editorial espera la nueva novela, pero yo ya no consigo concentrarme...» piensa la joven. Siente que le afloran las lágrimas a los ojos y mira distraídamente el ordenador portátil.

«¡No! ¡Hoy no! ¡Basta con los pensamientos tristes!» decide de repente.

«Hoy deseo solamente dar un paseo. Quiero caminar hasta la pequeña iglesia de la colina, sentarme sobre los escalones y disfrutar de este sol. ¡Hoy es un día especial!»

Acaricia a Agamenón que, después del desagradable episodio de la mañana, duerme tranquilamente enrollado en su cesto.

—¡Hasta luego Agamenón! —le susurra—. ¡Pórtate bien!

Sale de su casita y se siente bien de nuevo.

Su vecino está en el jardín, cavando alrededor de un rosal.

—¡Buenos días! —le grita la joven alegremente acercándose—. ¿Me permite que me presente? Me llamo Isabel, soy una pariente

lejana de Laura y César. Soy su nueva vecina. Me quedaré aquí algunos meses. Le pido excusas por mi gato, Agamenón, por lo que ha sucedido esta mañana... Sabe... no está acostumbrado a...

El hombre no le deja terminar la frase, la mira fastidiado, pero le estrecha igualmente la mano, sin entusiasmo. Murmura su nombre de modo incomprensible y añade:

—Lo siento, pero no tengo tiempo que perder en chismorreos.[1] Tengo mucho trabajo por hacer. Es más —añade en tono brusco— si no le molesta, me gustaría estar solo. No me apetece conocerla.... —y se marcha dejando a la joven consternada.[2]

«¡Caramba! Esto promete llegar a ser una gran amistad...» piensa irónicamente Isabel.

«¡Qué mal educado! De ahora en adelante será mejor ignorarle y fingir no verle, como me ha aconsejado Laura... ¡Es verdaderamente extraño! No consigo comprender por qué una persona se comporta de tal modo... ¡Quién sabe por qué es tan grosero![3] ¿Quiere esconder algo?»

Intentando encontrar una respuesta satisfactoria, Isabel se encamina por el sendero que conduce a la pequeña iglesia.

El paseo y el bellísimo paisaje le hacen olvidar pronto al vecino. Mira los tejados de pizarra del pueblo y se acuerda de la historia de sus amigos, César y Laura. No consigue contener una sonrisita, cuando piensa en la temible y chismosa tía Clara cuando oyó la noticia de que los dos se mudaban a vivir en medio de las montañas.

—En mi opinión, ¡esos dos están locos! —repetía a todo el mundo, sacudiendo la cabeza.

---

1. **chismorreo** : habladuría, palabrería.
2. **consternada** : abatida, triste.
3. **grosero** : insolente, ofensivo.

Después de leer

Comprensión lectora

1 Vuelve a leer el capítulo y responde a las preguntas.

1 ¿En qué ciudad tiene lugar el mercado?

2 ¿Por qué está triste Isabel?

3 ¿Cuántas novelas ha escrito la joven?

4 ¿Cómo decide pasar la jornada?

5 ¿Con quién se encuentra la joven cuando sale de su apartamento?

6 ¿Cuál es la reacción del vecino?

7 ¿Qué piensa Isabel del señor Benítez?

8 ¿Qué hace olvidar a la joven el descortés comportamiento del vecino?

Fonética

2 Escucha con atención, escribe la palabra que oyes e indica en el cuadro si el sonido /Ɵ/ se encuentra en la 1ª o en la 2ª sílaba.

1 ☐ .... 5 ☐ ....

2 ☐ .... 6 ☐ ....

3 ☐ .... 7 ☐ ....

4 ☐ .... 8 ☐ ....

3 ¿Qué sonido oyes /S/ o /Ɵ/? Escucha con atención, escribe la palabra que oyes e indica en el cuadro si oyes el sonido /S/ o /Ɵ/.

1 ☐ .... 5 ☐ ....

2 ☐ .... 6 ☐ ....

3 ☐ .... 7 ☐ ....

4 ☐ .... 8 ☐ ....

Léxico

4 En la lista de Isabel para el mercado hay intrusos. Encuéntralos.

1	taza	plato	vaso	silla
2	mantel	servilleta	toalla	jabón
3	periódico	revista	libro	lápiz
4	sombrero	reloj	pulsera	anillo
5	aspirina	sal	pimienta	pimentón
6	sellos	aceite	vinagre	mantequilla

5 Une los alimentos con las cantidades y la preposición *de*.

Un kilo de tomates.

1	un cuarto	a ☐	zumo de fruta
2	un litro	b ☐	avena
3	un paquete	c ☐	manzanas
4	un pan de	d ☐	queso
5	un vaso	e ☐	atún
6	medio kilo	f ☐	macarrones
7	tres latas	g ☐	agua
8	una botella	h ☐	limonada

6 Ordena las frases del dialogo.

a ☐ Si señora, están buenísimas. ¿Quiere probar una ?

b ☐ ¿De quién es el turno?

c ☐ Buenos días. ¿Qué desea?

d ☐ No gracias, póngame un cuarto de kilo.

e ☐ Quisiera medio kilo de queso manchego, por favor.

f ☐ Es mi turno, gracias.

g ☐ ¿Desea algo más?

h ☐ ¿Tiene galletas?

Gustar, agradar, encantar

La construcción de la frase con los verbos *gustar, agradar, encantar* es la siguiente :

a + nombre propio/pronombre + *(no)* + pronombre objeto indirecto + verbo + sujeto

A Isabel le gusta el helado de chocolate. A ella no le gusta el helado de vainilla.

Gramática

7 Completa el espacio en blanco con la forma correcta del verbo entre paréntesis y el pronombre apropiado.

1 A Isabel (*gustar*) .... viajar sola.

2 A Laura (*encantar*) .... la torta real de Motril.

3 Al señor Benítez no (*agradar*) .... el gato de Isabel.

4 A los andaluces (*gustar*) .... mucho la playa.

5 A mí (*encantar*) .... el ballet moderno.

6 Pero (a mí) no (*gustar*) .... el ballet folklórico.

7 A Claudio y Carolina (*encantar*) .... comer carne pero a Juana no (*gustar*) ....

8 A Álvaro y Pili (*encantar*) .... la ópera y el ballet.

8 Y a ti ¿qué te gusta? ¿Qué te encanta? ¿Qué te agrada? Escribe diez frases con la construcción anterior.

Expresión escrita

DELE **9** Quieres pasar una semana en Trevélez con amigos o con tu familia. Necesitas dos habitaciones dobles. Escribe un correo electrónico a Laura y pídele información sobre el agroturismo.

Expresión oral

DELE **10** ¿Te gusta ir al mercado? En tu ciudad o en tu pueblo ¿Hay un mercado semanal? Cuéntanoslo en 1-2 minutos.

▶▶▶ **PROYECTO** INTERNET ◀◀◀

De compras por la Alpujarra

La Alpujarra es una de las provincias más pintorescas de toda Europa. Desde las tribus líticas hasta los árabes, todos se sintieron atraídos por sus yacimientos de metales así como por las garantías de seguridad que ofrecía el sitio para defenderse de los enemigos por su peculiar posición geográfica. Debido a su aislamiento, Las Alpujarras, a lo largo de los siglos, se han autoabastecido.

Busca en Internet las páginas web que hablan de su artesanía, de su gastronomía, de su arquitectura, de sus tradiciones y después contestas a las preguntas siguientes.

Artesanía

Contesta a las preguntas siguientes.

1 ¿Con qué se confeccionaban las jarapas?
2 ¿De qué colores son las mantas?
3 ¿De qué época datan los hornos alfareros?
4 ¿Cuáles son los colores más representativos de la cerámica alpujarreña?
5 ¿Qué se hace con la madera?
6 ¿Qué se hace con el esparto?

Gastronomía

Contesta a las preguntas siguientes.

1 ¿Sobre qué se basan los platos alpujarreños?
2 ¿Cuáles son los típicos ingredientes de la sopa alpujarreña?
3 ¿Qué es el lindo de Laroles?
4 ¿Cuáles son los ingredientes de los postres más carácteristicos de la zona?

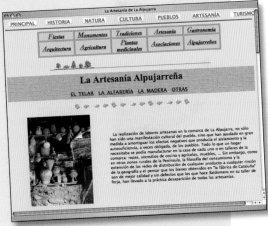

Antes de leer

1 Vas a encontrar estas palabras en el capítulo 4. Asocia cada palabra a la imagen correspondiente.

a cocinero   c almendra   e huerto
b albañil   d higo   f banco

Capítulo 4

La vida en Trevélez

Cuando César y Laura, hace ocho años, llegaron por casualidad a Trevélez, había poca gente en el pueblo, la mayoría eran personas ancianas. La pareja se enamoró a primera vista de la zona, de la paz que allí reinaba, de la naturaleza intacta, de la vida sencilla.

Después de un año Laura y César habían comprado un grupo de casas, y en el tiempo libre, habían comenzado a reestructurarlas. En aquella época, César trabajaba para una importante empresa internacional y Laura, una cocinera muy experta, tenía un pequeño restaurante en la ciudad donde vivían.

Después de dos años, César y su mujer habían decidido establecerse definitivamente en Trevélez y cambiar de vida.

Poco a poco, con la ayuda de algunos albañiles de la zona y gracias a su energía y entusiasmo, han conseguido llevar a término la reestructuración y restauración de las casas dividiéndolas en apartamentos de varias medidas. Laura los ha decorado con simplicidad, pero con óptimo gusto. Ahora los alquilan a quien desea pasar unas vacaciones en este paraíso casi desconocido.

Durante los años siguientes otras personas han seguido su ejemplo. También ellos han comprado y arreglado algunas casas del pueblo, que de ese modo, durante las vacaciones, tanto en invierno como en verano, se llena de vida.

Laura y César ahora ya están perfectamente integrados en el lugar y conocen a todo el mundo.

Hace tres años, Laura, siempre llena de ideas, tuvo la idea de unirse a celebrar, con los habitantes de la zona, la fiesta del solsticio de verano. Cada año, el evento consigue tener más éxito, se repite todos los años durante el mes de junio. Por este motivo, turistas y curiosos acuden al pueblo para asistir y participar.

Ya han transcurrido algunos meses desde que Isabel se estableció en Trevélez. Vivir en el pueblo le gusta y no echa de menos haber dejado la ciudad. Se siente a gusto en este lugar tan tranquilo y sencillo. Ya se ha hecho amiga de todo el mundo, como Laura y César.

Sentada al sol delante de las casas transcurre, a veces tardes enteras, escuchando historias que le cuentan los ancianos del lugar, sobre sus vidas. Vivir en Trevélez le ha ayudado a recobrar la inspiración de antes y a recomenzar a escribir. Los primeros

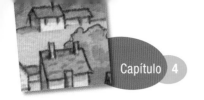

capítulos que ha enviado ya a la casa editorial, han gustado y el nuevo libro comienza a tomar forma. El director editorial, entusiasmado, incluso le ha enviado un correo electrónico:

—¿Se da cuenta? ¡Tenía razón! ¡Aconsejarle que se transfiera a un lugar tranquilo ha sido una buena idea!

Su jornada discurre tranquila. Normalmente Isabel se levanta temprano, toma el desayuno en el magnífico balcón, trabaja en su novela; casi cada día encuentra el tiempo de dar paseos por los bellísimos alrededores. Frecuentemente pasa la velada con Laura y César. A veces algunos huéspedes del agroturismo se unen a ellos y juntos tienen largas conversaciones.

Cada dos semanas ella y Laura bajan al valle para comprar provisiones a Alforfón. La joven aprecia mucho ese lugar que destaca por su especial belleza y por las fuentes de aguas frías de sus inmediaciones. Le gusta comprar sobre todo almendras e higos. Le complace observar a la gente que compra, que charla sentada en los bancos... La visita termina siempre con un espléndido almuerzo en un cortijo rural.

«Soy feliz por haber venido aquí» piensa. «Aquí he conseguido poner en orden mi vida. ¡No puedo pedir más!»

También Agamenón parece disfrutar de la vida en el campo y parece haberse adaptado al entorno. Siempre está dando vueltas para explorar rincones nuevos, para hacer amistades o para pelear con algún gato del lugar.

La única persona que tiene cuidadosamente a distancia es el señor Benítez. Solamente Bobo, el perro, quiere jugar con Agamenón y ser acariciado por Isabel, pero su dueño, cada vez que lo ve acercarse a uno de ellos, lo llama bruscamente haciéndole entrar enseguida en casa.

—Todo sería perfecto si... —suspira Isabel— si no estuviera el señor Benítez que tiene la costumbre de protestar por cualquier cosa.

Llama a menudo a la puerta de Isabel — que cada vez se sobresalta inquieta — para lamentarse de manera descortés, de algo. Son siempre las mismas quejas: el gato ha entrado de nuevo en el huerto o en el jardín y ha estropeado sus verduras o sus flores; o bien Agamenón ha provocado a su perro y los dos han realizado alguna travesura;[1] la música que Isabel escucha mientras escribe, está muy alta y le molesta...

Un día Roberto — así se llama el vecino — se presentó ante su puerta para pedirle incluso que baje la voz cuando canta, lo que le sucede frecuentemente sin darse cuenta, cuando es feliz. Le ha explicado en tono descortés:

—¡Mi trabajo requiere alta concentración y usted me molesta con sus gritos!

Como siempre se ha marchado sin dejar a Isabel la posibilidad de replicar. La joven empieza a estar cansada de todas estas quejas, que encuentra exageradas. El comportamiento del vecino le preocupa, le pone nerviosa, pero el trabajo en su nueva novela avanza bien y la tiene muy ocupada.

«Desde luego, si este hombre continúa así» piensa a menudo la joven «¡debo encontrar como sea una solución! ¡Esta tarde debo hablar con Laura y César!»

Durante la cena, Isabel afronta el argumento con los amigos. Suspira y dice:

—¡No consigo entender qué le he hecho!

1. **travesura** : acción culpable digna de castigo.

César, el único que intercambia de vez en cuando algunas palabras con el señor Benítez, la consuela y se ofrece para hablar con él. También Laura se muestra preocupada.

—Tu vecino tiene, efectivamente, mal carácter. —dice—. ¡Y esto ya lo sabíamos! Sin embargo me sorprende su reacción frente a ti. Quizá debe habituarse a tu presencia. ¡No sé! —se calla brevemente y después añade— quizá sea conveniente esperar todavía un poco. Con el tiempo ¡el problema podría resolverse por si solo! Pero si quieres César puede hablarle...

—¡No, no! ¡Hagamos como dices tú! ¡Esperemos todavía un poco!

La redacción de la nueva novela va tan bien que después de algunos meses está casi terminada. Una tarde Laura le pregunta a Isabel:

—¿Entonces cuando podemos leer tu nueva obra?

—¡Veamos! Está casi terminada. Si quieres mañana te puedo mostrar los primeros capítulos. ¿Te va bien? —responde la joven.

—¿Mañana? Oh cuánto lo siento, pero ¡mañana no tengo tiempo! ¡Comienzan los preparativos para la fiesta del sosticio de verano, lo siento mucho!

Después de leer

Comprensión lectora

1 Vuelve a leer el capítulo e indica si las siguientes afirmaciones son verdaderas (V) o falsas (F).

		V	F
1	Cuando Laura y César llegaron a Trevélez el pueblo estaba casi abandonado.	☐	☐
2	Al cabo de un mes habían comprado todas las casas del pueblo.	☐	☐
3	Antes de mudarse a Trevélez, César trabajaba en un banco y Laura en un hospital.	☐	☐
4	La pareja ha remozado las casas y las ha transformado en hotel de lujo.	☐	☐
5	Los habitantes de Trevélez adoran a César y a Laura.	☐	☐
6	Cada año Laura organiza en el pueblo un baile.	☐	☐
7	A Isabel no le gusta vivir en Trevélez.	☐	☐
8	Su vecino el señor Benítez no es muy amable con ella y su gato Agamenón.	☐	☐
9	César quiere ayudar a Isabel para que hable con su vecino.	☐	☐
10	La novela que está escribiendo la joven está casi terminada.	☐	☐

Fonética

9 **2** Escucha y completa las siguientes palabras con las letras *c* o *z* para pronunciar el sonido /θ/. Luego completa la ficha.

1	cabe....a	5	....ena	9	a....ul
2	....apato	6	....ielo	10	cal....on....illo
3	bi....icleta	7	pa....	11	pere....a
4	vo....	8	nari....	12	vaca....iones

> Se escribe *c* delante de las vocales ....
> Se escribe *z* delante de las vocales .... y al final de ....

Uso del pretérito indefinido, del imperfecto y del pluscuamperfecto

Pretérito indefinido

- Su uso normal indica una acción pasada y terminada. Se usa para narrar.
Un día Roberto se presentó ante su puerta.

Pretérito imperfecto

- Su uso general indica una acción pasada durativa, sin atender a su terminación (aspecto imperfecto). En relación con otra referencia temporal, indica acción simultánea a ella o interrumpida por ella. Se usa frecuentemente en las descripciones.
En aquella época, César trabajaba para una importante empresa, Laura tenía un pequeño restaurante.

Pretérito pluscuamperfecto

- Uso normal: describe una acción pasada anterior a otra acción también pasada.
Después de dos años César y su mujer habían decidido cambiar de vida y se fueron a vivir a Trevélez.

Gramática

3 Conjuga los verbos en imperfecto, en indefinido o en pluscuamperfecto.

1 Hace dos semanas Pablo (ir) .... a Méjico por trabajo.

2 De pequeña Laura (pasar) .... las vacaciones en el campo con sus abuelos.

3 Lo siento, ayer (perder) .... el tren.

4 Cuando Juan e Inés (vivir) .... en la playa (nadar) .... cada día.

5 Cuando terminé de preparar la maleta, me di cuenta de que el pasaporte (caducar) ....

6 Antonio (decidir) .... comprar un apartamento en Barcelona, pero después se fue a vivir a Madrid.

7 Cuando Laura llegó, tú ya (marcharse) ....

8 La cena del domingo (terminar) .... a medianoche.

9 Mientras (estar) .... de vacaciones, alguien (entrar) .... a robar.

Léxico

4 La tía Clara escribe una cartita a Isabel. Le da las gracias por su llamada telefónica de hace una semana. La señora es muy anciana y está bastante sorda. A veces no ha entendido lo que Isabel le contaba. Subraya los errores.

Querida Isabel:

Te doy las gracias por tu llamada del otro día.

Me alegra saber que estás bien en ese pueblecito en medio del campo y que tienes un apartamento grande.

La vista sobre el mar debe ser magnífica. Es una lástima que tengas una vecina tan mal educada con un gato estúpido. ¡Ánimo! Dentro de poco regresas a casa. A propósito de animales: ¿cómo está tu perro?

¿Cómo es que Laura y su marido Pablo han abierto un nuevo restaurante?

¿Y el que tienen en la ciudad?

Espero que el artículo que estás escribiendo tenga éxito.

Contéstame pronto.

Un fuerte abrazo.

Tu tía Clara

Expresión oral

5 ¿Qué opinas del señor Benítez? ¿Por qué se comporta de ese modo con Isabel? Intenta hacer hipótesis.

DELE **6** Laura es una estupenda cocinera. ¿Te gusta cocinar o prefieres comer platos cocinados por otras personas? ¿Cuál es tu plato preferido? Descríbelo.

Solsticios y equinoccios

Las cuatro estaciones del año

Como el eje de rotación de la Tierra está inclinado, el tiempo climático depende del mes del año.

En general, en los países templados, se habla de cuatro estaciones diferentes – primavera, verano, otoño e invierno – aunque hay zonas de la Tierra (en las zonas monzónicas situadas entre los dos trópicos) donde sólo existen dos: la húmeda, también llamada estación de las lluvias, y la seca.

Inicio	Hemisfero norte	Hemisfero sur
20-21 Marzo	Primavera	Otoño
21-22 Junio	Verano	Invierno
23-24 Septiembre	Otoño	Primavera
21-22 Diciembre	Invierno	Verano

Causas y efectos de las estaciones

Las dos primeras estaciones, primavera y verano, componen el medio año en que los días son más largos que las noches, mientras que en las otras dos, otoño e invierno, las noches son más largas que los días.

Las variaciones se deben a la inclinación del eje de rotación terrestre en relación al plano de su órbita alrededor del sol: efectivamente, no se producen al mismo tiempo en el hemisferio Norte (Boreal) que en el hemisferio Sur (Austral).

Así que cuando, por ejemplo, es verano en Boston (Estados Unidos) es invierno en Sydney (Australia).

Mientras la Tierra se mueve con el eje del Polo Norte inclinado hacia el Sol, el del Polo Sur lo está en sentido contrario y las regiones del primero reciben más radiación solar que las del segundo. Posteriormente se invierte este proceso y son las zonas del hemisferio Norte las que reciben menos calor.

En el Polo Norte, a partir del mes de marzo, la duración del día aumenta hasta llegar a tener días carentes de noche durante el solsticio de verano: el día dura 24 horas; y de nuevo comienza a acortar el día, hasta llegar al solsticio de diciembre donde nos encontramos con noches carentes de día. Para el hemisferio Sur se constata el fenómeno inverso: la duración del día es máxima en el solsticio de diciembre y mínima en el solsticio de junio. Nuestro planeta está más cerca del Sol a principios de enero que a principios de julio. Si hace frío o calor se debe a la diferencia de horas de luz y a la inclinación o altura del sol sobre el horizonte. En invierno los rayos de luz inciden de manera más oblicua en la Tierra que en verano.

Solsticios y equinoccios

Las cuatro estaciones están determinadas por cuatro posiciones principales en la órbita terrestre, opuestas dos a dos, que reciben el nombre de solsticios y equinoccios: solsticio de invierno, equinoccio de primavera, solsticio de verano y equinoccio de otoño.

El equinoccio es la época en que, por hallarse el Sol sobre el Ecuador, los días son iguales a las noches en toda la Tierra, lo cual sucede anualmente del 20 al 21 de marzo y del 22 al 23 de septiembre. En los equinoccios, el eje de rotación de la Tierra es perpendicular a los rayos del Sol, que caen verticalmente sobre el ecuador por eso son los días iguales a las noches.

En los solsticios, el eje se encuentra inclinado 23,5°, por lo que los rayos solares caen verticalmente sobre el trópico de Cáncer (verano en el hemisferio norte, 21-22 de junio) o de Capricornio (verano en el hemisferio sur, 21-22 de diciembre).

A causa de perturbaciones que experimenta la Tierra mientras gira en torno al Sol, no pasa por los solsticios y equinoccios con exactitud, lo que motiva que las diferentes estaciones no comiencen siempre en el mismo preciso momento.

Comprensión lectora

1 **Vuelve a leer el dossier y contesta a las preguntas.**

1 ¿Cuáles son las cuatro estaciones del año?
2 ¿En qué zonas de la Tierra existen solamente dos?
3 ¿Cómo se llaman estas estaciones?
4 ¿En qué estaciones son los días más largos?
5 ¿En qué estaciones son los días más cortos?
6 ¿A qué se deben estas variaciones?
7 ¿Cuándo tiene lugar en Europa el solsticio de verano?
8 ¿Y el de invierno?
9 ¿Cuándo se encuentra nuestro planeta más cerca del sol?
10 ¿Cuándo se encuentra más lejos del sol?

2 **¿Cuál es tu estación del año favorita? Justifica tu respuesta.**

Antes de leer

1 Vas a encontrar estas palabras en el capítulo 5. Asocia cada palabra a su imagen correspondiente.

a pantalón bombacho   c pólvora   e capa

b castillo   d tambor   f uniforme militar

Las fiestas del solsticio de verano

Durante el mes de junio en las Alpujarras se celebran las tradicionales fiestas del solsticio de verano y, entre ellas, la de mayor antigüedad es la Fiesta de Moros y Cristianos, que data de los siglos XVI y XVII. Tiene lugar en un buen número de poblaciones en España.

Son representaciones teatrales en la calle, en las que participa todo el pueblo, y se representa la toma del castillo, con gran despliegue de pólvora y tambores.

Los textos son generalmente anónimos y los actores los saben de memoria, siendo la costumbre que los aprendan por tradición oral, aunque la mayoría de los pueblos disponen hoy de un texto escrito.

En general no existen grandes diferencias en el tipo de ropa usada por los personajes en las diversas localidades. Los moros suelen utilizar: pantalón blanco, bombacho, camisa blanca y capa de diversos colores, generalmente rojas, azules o amarillas y con diversos adornos, estrellas y medias lunas.

Para los cristianos, lo más característico en la mayoría de las fiestas es la utilización de uniformes militares correspondientes a siglos pasados. Se han utilizado casi siempre trajes del ejército regular de la época.

Tradicionalmente han tomado parte en estas fiestas solamente los hombres, pero con el paso del tiempo también se han ido incorporando los niños y las mujeres, profusamente vestidas y engalanadas, ya sea de moras o de cristianas.

Así que Laura, que tiene mucha fantasía y talento organizativo, quiere participar activamente en la fiesta e incluso quiere convencer a Isabel para tomar parte en ella.

El único habitante de Trevélez que no manifiesta ningún interés, es el señor Benítez. En una de las pocas ocasiones que ha intercambiado una palabras con César, se ha expresado de un modo negativo sobre la fiesta diciendo:

—En mi opinión es inútil revivir tradiciones tan antiguas. Yo soy una persona moderna. El pasado —añade con cierta arrogancia— no me interesa lo más mínimo. Yo vivo en el presente. Revivir de manera exacta una antigua tradición es difícil y termina siendo a menudo un espectáculo de mal gusto.

Cada año, algunos días antes del evento, para demostrar su desinterés y su desaprobación se marcha del pueblo. Sube a Bobo en el coche, se va y regresa cuando ha terminado la fiesta.

—¡Oh, aquí está nuestro simpático señor Benítez! ¡Puntual como siempre! —comenta Laura irónica viéndole pasar en su coche—. De nuevo, tu vecino se marcha de Trevélez. ¡Cada año es lo mismo! ¡Aunque ya estamos acostumbrados y no le hacemos caso, me pregunto cada vez por qué se comporta de ese modo!

Este año de nuevo las indumentarias son magníficas. El día de la fiesta, el cortejo con los dos bandos a caballo por las calles del pueblo, es espectacular. El día es espléndido, lleno de sol, con un gran cielo azul, sin nubes. La representación, es como siempre, todo un éxito. Todo el mundo se divierte, se ríe, come los platos típicos tradicionales que se han preparado. Hacia las cinco de la madrugada, después de admirar la aurora y la salida del sol, los últimos "festeros" deciden irse a casa. Isabel, Laura y César se encuentran entre ellos.

De vuelta en casa, la joven decide darse una ducha. No se siente cansada en absoluto y le gustaría trabajar en el último capítulo de la novela. Se encuentra llena de energías después de una jornada tan llena de acontecimientos y tan bonita.

«Quizá conseguiré incluso terminarla» piensa feliz. Además su vecino no está, así que puede permitirse escuchar su música preferida a un volumen un poco más alto de lo habitual y probablemente ¿por qué no? también cantar sin ser interrumpida.

Eufórica, abre la puerta de la sala de estar para que entren los primeros rayos de sol matutinos y el aire fresco, enciende su lector de CD, se sienta frente al ordenador y comienza a cantar en voz alta la canción que está escuchando.

Pocos minutos después oye llamar a la puerta.

«¡Oh no! ¡No puede ser... No es posible!» piensa espantada. «¡Esperemos que sea Laura! Quizá me quiere decir algo.»

Abre la puerta y ante ella está un grotesco señor Benítez en pijama y con el cabello desgreñado. [1] La joven, al verle de ese modo no consigue reprimir una sonrisa.

—¡Escuche! —le dice en tono fastidiado y menos gentil todavía que de costumbre— así no podemos continuar, ¡lo siento de veras! Usted y yo debemos definitivamente encontrar una solución que nos vaya bien a los dos. Desde que llegó aquí —continúa sin tan siquiera mirarle a la cara— la paz se terminó y ¡yo no puedo más!

Isabel no le deja terminar. Su reacción es inesperada y violenta. Le mira enfurecida y le grita:

—¡Intente tranquilizarse! ¡Tampoco yo puedo más! ¿Comprende? ¡Usted me está haciendo la vida imposible con sus quejas de niño mimado! —y continúa en un tono ligeramente más sosegado—. Yo no tenía intención de despertarle y fastidiarle. ¡Pensaba que no se encontraba aquí! Le vi marcharse ayer. Es usted una persona maleducada, prepotente e imposible. Ha llegado el momento de decírselo. ¡Esta vez no le pido excusas! Pero ¡le pido que me explique porqué se comporta de ese modo tan maleducado... tan grosero conmigo! ¿Qué es lo que yo le he hecho?

El señor Benítez, sorprendido de tal reacción, la mira de un modo extraño, intenta aproximársele. La joven atemorizada, retrocede. Entonces Roberto balbucea algunas palabras de disculpa y se marcha.

—¡Qué persona más aborrecible y desagradable! —piensa la joven mientras vuelve a entrar en casa dando un portazo—. ¡Perfecto! ¡Ahora me ha estropeado el día y se me ha pasado la gana de trabajar!

---

1. **desgreñado** : despeinado, deshecho.

Después de leer

Comprensión lectora

1 Vuelve a leer el capítulo y subraya los errores.

1 En el pasado los habitantes de Trevélez organizaban una gran fiesta para el solsticio de invierno.

2 La representación teatral tiene lugar en el teatro de la población.

3 Al señor Benítez le encantan estas fiestas.

4 El día de la fiesta llueve y hace frío.

5 Isabel, Laura y César se van a la cama temprano.

6 De vuelta a casa la joven decide ducharse y desayunar.

7 El señor Benítez llama por teléfono a Isabel y le pide que no haga ruido.

8 Isabel reacciona de manera tranquila.

9 Cuando regresa a casa, su vecino la mira y sonríe.

10 La joven está feliz y decide ir al mercado.

Léxico

2 Isabel escribe un correo electrónico al director de su casa editorial y le cuenta la fiesta. Completa el correo electrónico con los elementos que están en desorden.

bailar / comer / escuchar música / fiesta de moros y cristianos / cortejo a caballo por las calles / representaciones teatrales en las calles / vestimentas magníficas y coloridas / tambores / pólvora

Querido Jorge:

¿Cómo estás? Me gustaría contarte una fiesta que tiene lugar en Trevélez ....

....

....

Hasta pronto. Te saluda

Isabel

3 En el capítulo se menciona un mes del año. ¿Conoces los meses del año? Encuéntralos, están escondidos.

L	X	U	J	U	N	I	O	P	B	R	H	Z	D	G	M	G	S
K	Z	N	A	G	O	S	T	O	B	B	M	A	Y	O	H	Q	D
F	D	I	C	I	E	M	B	R	E	M	B	G	I	F	M	O	V
S	M	A	B	R	I	L	R	N	H	B	F	G	E	L	L	B	M
Q	W	I	T	F	E	N	E	R	O	R	E	H	P	G	I	R	A
M	K	O	J	U	L	I	O	T	I	N	U	Y	E	F	U	R	Z
U	I	N	O	V	I	E	M	B	R	E	H	M	A	R	Z	O	O
F	E	B	R	E	R	O	T	G	O	N	T	A	I	O	U	N	L
F	R	E	S	M	A	S	E	P	T	I	E	M	B	R	E	Z	I
U	N	I	O	C	T	U	B	R	E	L	E	S	P	T	L	G	N

4 Los colores. Establece la concordancia entre el nombre y el adjetivo propuesto.

0	blanco camisetas	→	las camisetas blancas
1	negro / guantes	→	....
2	rojo / bufanda	→	....
3	azul / calcetines	→	....
4	verde / falda	→	....
5	amarillo / bañador	→	....

El pronombre relativo

Un pronombre relativo sirve para unir dos proposiciones. Pertenece a la segunda proposición y hace referencia a una persona o cosa mencionada en la primera, llamada antecedente.
El más utilizado en español es *que* y es invariable.
Entre las fiestas, la de mayor antigüedad, es la de moros y cristianos, que data de los siglos XVI y XVII.

El posesivo relativo *cuyo/a, cuyos/as* se refiere a personas o cosas y concuerda en género y número con la cosa poseída y nunca con el poseedor.
Son unos soldados cuyo valor es incontestable.
Es un manantial transparente, cuyas aguas son ricas en hierro.

Gramática

5 Completa las frases siguientes con los pronombres *que/cuyo*.

1 ¿Es interesante el cuento .... estás leyendo?

2 El vestido .... lleva Laura es de un famoso modisto.

3 El restaurante, ... propietario es chino, ofrece cocina vegetariana.

4 El cuadro .... está a la derecha es de Goya.

5 La joven .... sale con Julio es italiana.

6 Es un pequeño pueblo .... nombre he olvidado.

7 Este castillo tiene un hermoso jardín .... flores perfuman el aire.

8 Es un lago cristalino .... aguas reflejan las formas de los árboles.

9 La paella .... has preparado no me ha gustado.

10 El abogado .... te defiende me parece muy capaz.

6 Usando los pronombres relativos, une las frases como en el ejemplo.

0 He vivido mucho tiempo en una ciudad. La ciudad se encuentra cerca de Berlín.

He vivido mucho tiempo en una ciudad que se encuentra cerca de Berlín.

1 Mi padre me compró un perro. El perro se escapó a la semana siguiente.

....

2 Isabel es una joven. Isabel escribe libros

....

3 Antonio se compra los zapatos siempre en la misma tienda. La tienda se encuentra en la Calle de la Paz.

....

4 Hace poco hablabas de un libro. Su éxito ha sido enorme.

....

5 Siempre cojo el mismo autobús. Su parada está cerca de mi casa.

....

Expresión oral

7 En tu país ¿existen fiestas tradicionales? ¿Puedes describir al menos una brevemente?

Antes de leer

1 Estas palabras aparecen en el capítulo 6. Asocia cada palabra a su imagen correspondiente.

a una mochila   d los cordones de las botas

b un temporal   e un precipicio

c un relámpago   f un codo

El temporal

Después del arrebato de ira Isabel se calma poco a poco.

«Es estúpido» piensa «¡enfadarse con una persona tan despreciable y mezquina!» y añade «¡afuera el día está tan espléndido!»

Así que decide dar un largo paseo por la montaña: quiere ir a Capileira, que es el segundo pueblo más alto de España, con una altitud de 1.436 metros y que posee muchas fuentes por tener la Sierra Nevada a sus espaldas.

Se pone las botas de montaña, coge su mochila y se dirige a casa de Laura y César.

La pareja está desayunando en el jardín. Isabel se sienta a la mesa con ellos, y mientras come distraídamente algo, les cuenta el desagradable episodio con el vecino. ¡Laura y su marido están indignados!

—Si continúa molestándome —dice tristemente— me vuelvo a casa. ¡No puedo vivir junto a una persona semejante! Por hoy, no obstante, he decidido ir a la montaña. Estoy tan alterada, ¡que se me ha pasado la gana de trabajar!

Así que informa a sus amigos del itinerario escogido.

César preocupado moviendo la cabeza le dice:

—¡Esta vez el señor Benítez ha superado los límites! ¡Después de desayunar voy directamente a su casa para esclarecer de una vez por todas esta situación! —hace una pausa y a continuación prosigue— ¡Isabel, escucha! ¿Puedo darte un consejo? Yo no iría de excursión. ¿No ves el cielo? Para hoy está anunciado un temporal. ¡Tú no conoces los temporales de aquí! Son violentísimos y muy peligrosos. Ve a casa Isabel, e intenta dormir un poco. ¡Estás muy cansada y abrumada!

—¡Un poco de agua no me va a asustar! —replica la joven obstinadamente—. No os preocupéis por mí. ¡Hasta la noche chicos! —y se marcha dirigiéndose al camino que conduce a Capileira.

Cuando llega a un mirador, se detiene y se sienta para comerse el bocadillo, que Laura le ha puesto con insistencia en la mochila.

Contempla un panorama que le corta la respiración, admirando las florecillas que crecen por los prados y entre las rocas.

La magnificencia del paisaje le suscita tal emoción, que por unos instantes sus temores desaparecen.

Delante de ella se extienden las imponentes moles del Mulhacén, el Veleta y la Alcazaba.

Después de una breve pausa continúa su marcha por el sendero, penetrando en un mundo extraño encerrado en una paz intemporal; y a medida que va subiendo siente que crece la intensidad del silencio.

Allá abajo los pueblos blancos del valle parecen dormir un sueño eterno.

Se ha hecho tarde, pero todavía hace calor. Isabel empieza a sentir el cansancio de la noche insomne. De vez en cuando mira al cielo que comienza a llenarse de nubes negras y amenazadoras.

«¡César tenía razón! ¡Se está avecinando una tormenta!» piensa. «Debo intentar llegar a la laguna del caballo que está junto a un refugio. Allí me puedo poner a cubierto y esperar a que termine el temporal.»

Comienzan a caer las primeras gotas y en la lejanía pueden escucharse los incipientes truenos. El cielo se oscurece cada vez más y la lluvia se hace más densa. Isabel apresura el paso para llegar al refugio. Se encuentra agitada y nerviosa. Tiene mucho miedo y no se da cuenta de que los cordones de una bota se han desatado. De repente tropieza con los cordones y cae sendero abajo a un paso del precipicio. Intentando no caer al vacío, se agarra a una piedra pero se golpea la cabeza, el codo y las rodillas. La caída es violenta, la joven no obstante se levanta con esfuerzo y prosigue a la búsqueda del refugio. Las rodillas y el brazo izquierdo le sangran, le duele la cabeza pero no tiene tiempo para ocuparse del asunto.

«Tengo que llegar en cuanto antes al refugio, debo encontrar de inmediato un cobijo.» [1]

El temporal se ha desencadenado con una violencia terrible.

Consigue llegar al refugio. Con esfuerzo intenta abrir la puerta,

---

1. **cobijo** : refugio, lugar en el que alguien o algo está protegido de la intemperie.

que afortunadamente cede de inmediato. Entra, mientras fuera la lluvia torrencial continúa aumentando. Los relámpagos iluminan el pequeño refugio semi abandonado, que parece habitado de fantasmas.

«¡Madre mía!» piensa la joven «¡con este tiempo, qué miedo!¡Me parece estar viendo una película de terror!»

Los truenos que retumban con fragor por todas partes originan un escenario todavía más irreal y terrorífico.

Isabel está calada hasta los huesos. [2] Le duele todo el cuerpo, siente zumbidos [3] en la cabeza e intenta permanecer lúcida.

—¡Santo cielo! ¡Estoy maltrecha! —exclama en voz alta para darse coraje.

Está muy cansada y busca un sitio para reposar. En un ángulo del refugio hay un camastro sucio y deteriorado, pero a Isabel no le importa. Solamente quiere descansar un poco, mientras espera que el mal tiempo afuera termine. Se acuesta y se duerme. Durante su reposo tiene extraños sueños, en casi todos aparece su arisco vecino. Incluso le parece oír su voz llamándola:

—Isabel, señorita Isabel...

Con un sobresalto la joven se despierta. Aterrorizada lanza un grito. Delante de ella se encuentra un hombre que le zarandea amablemente por el hombro, mientras un perro le está lamiendo una mano. Isabel se debate y grita desesperadamente.

—¡Socorro! ¡Socorro!

El hombre entonces retrocede algunos pasos y le dice amablemente:

—¡Cálmese! ¡No tenga miedo! ¡Soy su vecino Roberto! ¿Me

2.	**calado hasta los huesos** : muy mojado.
3.	**zumbido** : ruido.

reconoce? Finalmente la hemos encontrado. Hemos temido por usted... Mire, ¡también está Bobo!

La joven no comprende y, aturdida siente que todo le duele. Se incorpora, mira alrededor y efectivamente, delante de ella se encuentra el señor Benítez con su perro Bobo. Afuera ya es de noche, el temporal ha pasado.

—¿Pero qué hora es? ¿Dónde estoy? ¿Cómo me ha encontrado usted? ¿Dónde están Laura y César?

—Venga, la ayudo a levantarse —le dice su vecino en tono muy gentil—. ¿Puede caminar? ¿Se ha roto algo?

—No, ¡realmente creo que no! —le contesta Isabel—. El ojo, el ojo —balbucea— me duele y debe estar hinchado. Pero creo que no tengo ninguna fractura...

Se siente cansada pero sorprendida por la amabilidad del señor Benítez.

—Entonces, ¡vamos! ¡Ánimo! La ayudo. Debemos descender hasta el camino. Allí la esperan sus amigos. ¡Les acabo de llamar con el móvil!

Ayudada por Roberto, la joven comienza el descenso por el sendero que después del violento temporal está mojado y resbaladizo. El señor Benítez la sostiene amorosamente y le da ánimos, Bobo la sigue muy contento moviendo la cola por el paseo fuera de programa.

Después de leer

Comprensión lectora

1 Vuelve a leer el capítulo y subraya los errores.

1   Después de su arrebato de ira Isabel decide quedarse en casa.

2   Va a casa de Laura y César y les informa del desagradable episodio con el vecino.

3   César aconseja a la joven no salir porque hay peligro de temporal.

4   Isabel le hace caso y vuelve a casa a dormir.

5   Mientras hace la excursión Isabel se percata de que el temporal está comenzando.

6   Para buscar un refugio Isabel corre velozmente a la laguna del caballo.

7   En su carrera no se da cuenta de que le ha caído la mochila, tropieza con ella y se hiere una pierna.

8   En una casa abandonada la joven encuentra una cama sobre la que se acuesta y se duerme.

9   Isabel sueña que se encuentra en la terraza de su casa y le parece que Agamenón le lame una mano.

10   Su vecino es muy amable y le ayuda muy atento a llegar al parking, donde la esperan sus amigos.

Comprensión auditiva

12 **2** Escucha los cuatro diálogos y a continuación determina la palabra clave de cada uno de ellos. Después asocia cada diálogo a una foto.

a ☐ nieve   b ☐ lluvia   c ☐ niebla   d ☐ temporal

1 ☐   2 ☐   3 ☐   4 ☐

Los pronombres complemento directo de la tercera persona

Los pronombres complemento directo de tercera persona sustituyen a un nombre usado con la función de complemento objeto directo (OD).

Las formas son:

Singular		Plural	
Masculino	Femenino	Masculino	Femenino
lo	la	los	las

El pronombre *lo* puede referirse a una idea o situación que no puede ser categorizada como femenina ni como masculina.

—*Juan es un insolente.*
—*Sí, ya te lo había dicho yo.*

Lo también se usa como complemento para reemplazar adjetivos, pronombres o nombre con *ser, estar y parecer.*

—*¿Estás cansada?*
—*Sí, lo estoy.*

Los pronombres personales de OD aparecen siempre delante del verbo principal de la oración, excepto en los casos de imperativos afirmativos, en los que aparecen después. Si la forma verbal está compuesta por un infinitivo o un gerundio, el pronombre puede aparecer delante del verbo principal o detrás de la forma no personal.

¡Cómpralo!
Voy a comprarlo.
Lo voy a comprar.

Gramática

3 Completa las frases con los pronombres complemento directo apropiados.

1   —Sabes cuánto cuesta el billete de autobús?
    —No. Tengo un abono, no .... compro nunca.

2   —¿Ves a menudo a María y a su hermana?
    —Sí, ... veo frecuentemente.

3   —¿Dónde haces la compra?
    —Normalmente .... hago en el supermercado debajo de casa.

4 —¿Quién compra hoy el periódico?

   —............ compro yo, no te preocupes!

5 —¿Dónde están los zapatos?

   —¿No .... ves? Están delante de ti.

6 —¿Quien trae los CD para la fiesta?

   —............ trae Carlos, ¡como siempre!

4 **Une las preguntas (1-5) con las respuestas (A-E) para formar diálogos. Luego completa con los pronombres adecuados las respuestas.**

1 ¿ Sabes si Pablo habla inglés?

2 Quiero comprar un libro para Tina.

3 ¿Sabes si el restaurante *La espiga* cocina platos vegetarianos?

4 ¿Conoces Londres?

5 ¿Compráis vosotros los panecillos para la excursión de mañana?

A ☐ No .... sé.

B ☐ Sí, ... cocina, es su especialidad.

C ☐ No .... conozco.

D ☐ Sí, ya .... hemos comprado.

E ☐ Sí, ... compramos esta tarde.

Expresión escrita

5 Isabel ha tenido una desagradable aventura. ¿Te has encontrado alguna vez en una situación peligrosa? Cuéntala o inventa una historia (40-50 líneas).

Expresión oral

DELE **6** ¿Qué haces en tu tiempo libre? Cuéntalo.

Antes de leer

1 Vas a encontrar estas palabras en el capítulo 7. Asocia cada palabra a su imagen correspondiente.

a un ramo de flores   c un espejo   e una callejuela
b unos comensales   d una curva   f una carta

Capítulo 7

El misterio se resuelve

A medio camino se encuentran con Laura y César.

—¡Qué miedo nos has hecho pasar! ¿Estás bien? ¿Te has herido? ¡Ven que te ayudamos! Hemos dejado el coche por el camino. No está lejos. ¡Ánimo! ¡Ya casi hemos llegado! —le dicen sus amigos ayudándola.

Laura insiste en llevar a Isabel al hospital de Capileira.

—¡No vale la pena! —replican los dos hombres afectuosamente.

—¡No viene al caso! Isabel tiene un ojo hinchado, ¡pero las heridas parecen superficiales! Sobre todo parece asustada. ¡Quizá es suficiente con llevarla mañana a nuestro médico!

Al día siguiente, cuando se despierta es ya por la tarde. Laura entra en la habitación y le dice bromeando:

—¡Caramba! ¡Cuánto has dormido! ¿Cómo te encuentras? El señor Benítez ¡ya ha preguntado muchas veces por ti!

Isabel se levanta, con la ayuda de su amiga, se viste y dice que quiere volver a casa. Está preocupada por Agamenón al que ha

dejado solo por mucho tiempo. Cuando se mira al espejo y ve su ojo izquierdo hinchado y tumefacto [1] lanza un grito:

—¡Soy un monstruo! ¡Pobre de mí! ¡Qué maltrecha estoy!

—No te preocupes —replica su amiga— en una semana ¡estarás repuesta! —y le sonríe.

Agamenón está feliz de volverla a ver; maúlla para saludarla, pero también por tener su comida preferida. Sin darse cuenta, Isabel, feliz por estar de nuevo en su casita después de la horrible aventura, comienza a tararear su canción preferida.

De repente oye un ruido: alguien llama a su puerta. La joven se asusta. «¡Oh no!» piensa «por favor ¡no empecemos de nuevo! ¿Qué he hecho de malo esta vez?»

Abre y se encuentra delante del señor Benítez sonriente y un poco turbado con un ramo de flores de su jardín, que muy amablemente le dice:

—No quería molestarla. Laura me ha dicho que ha regresado a casa... quería solamente saber cómo se encuentra. Cuando se encuentre mejor, pasado mañana, por ejemplo, me gustaría decirle algo, quizá eh... invitarla a cenar. Debería explicarle algunas cosas... Sabe, lamento mucho lo que ha sucedido... pienso que es un poco culpa mía...

Isabel está muy confusa, coge las flores, le da las gracias, balbucea:

—¿A cenar? Pero ¿Cómo? ¿Usted?

—Si... naturalmente.... ¡Sólo si le apetece! —la interrumpe Roberto gentilmente— debo contarle algo importante, eh... debo darle una explicación.

—¡Uhm! ¿Una explicación? —pregunta la joven sorprendida—. Bueno, si es así, ¡entonces acepto con gusto! ¡Gracias!

---

1. **tumefacto** : congestionado, inflamado.

—Pasado mañana a las ocho y media ¿le va bien? —prosigue su vecino.

—Si, muy bien, gracias —le responde Isabel.

—Mis mejores deseos de un pronto restablecimiento —le dice Roberto y se va, seguido por Bobo.

El señor Benítez llega puntual a su cita. Con su coche descienden por la callejuela estrecha y llena de curvas hasta llegar a Capileira, donde se encuentra el restaurante que él ha elegido para la cena. Entran, y Pablo el propietario, les acompaña hasta su mesa.

Los otros comensales de la sala, no pueden evitar mirar a la pareja. Sobre todo la joven, con el ojo hinchado, atrae las miradas de todos.

Mientras esperan los entrantes, Roberto comienza a contarle.

—Ha llegado el momento —dice con cierta turbación— de darle algunas explicaciones. Quizá después comprenderá los motivos de mi... ejem... digamos ¡*extraño* comportamiento! ¡Créame! ¡Siento mucho haber sido tan grosero... tan descortés con usted! ¡Le ruego que acepte mis excusas! Pero en primer lugar ¡escúcheme!

Se calla durante un instante, tose con cierto desasosiego, busca las palabras apropiadas y, con cierto esfuerzo, empieza a relatar.

La protagonista de su historia es una mujer: Betty. La había conocido durante un viaje a los Estados Unidos en la compañía, con la que Roberto estaba en contacto por negocios.

Ella tenía un cargo importante. Bonita, alegre, siempre sonriente, dotada de un gran sentido del humor, Roberto se enamoró de ella casi al instante. Habían comenzado a frecuentarse y viajaban entre España y los Estados Unidos. Al inicio todo parecía simple e incluso azaroso, después, con el paso de los meses, cada vez era más triste separarse. Entonces Betty vino a vivir a España, pero poco después de su llegada surgieron

las primeras dificultades. La joven sufría la nostalgia y no conseguía encontrar un trabajo adecuado a sus capacidades y además se sentía sola, porque Roberto siempre estaba fuera por razones de trabajo. La relación había comenzado a empeorar y un día, al entrar en casa de vuelta del trabajo, Roberto no la encontró. Sobre la mesa de la salita había solamente una larga carta, en la cual la joven le explicaba las razones de su regreso a los Estados Unidos. Entonces Roberto comprendió. Toda tentativa de reencuentro había sido inútil y al final, él se resignó.

—Para mi ha sido muy difícil aceptar la decisión de Betty, que me ha herido intensamente —dice Roberto tristemente. Respira profundamente, después de una brevísima pausa continúa.

Había decidido de dejar todo y a todos y retirarse en la soledad de Trevélez. El director de su compañía se mostró muy comprensivo, pero la había desaconsejado dejar el trabajo. Generosamente, le había propuesto continuar su actividad permaneciendo en casa.

Aquel pueblecito, casi deshabitado, era para él un refugio ideal, allí podía quedarse solo con sus pensamientos y recuerdos sin estar rodeado de vecinos u otras personas. Y sin embargo, un día, se encontró delante de Isabel.

—La primera vez que te vi en el jardín... perdona ¿podemos tutearnos?

Isabel está sorprendida, pero acepta:

—¡Claro... ejem... con mucho gusto!

—Bien... ¿te acuerdas? Me quedé sin palabras. ¡Pensaba estar viendo a Betty! Tú te pareces mucho a ella tanto por tu aspecto como por tu carácter. Por ejemplo, ella también cuando se sentía feliz, tenía la costumbre de tararear. Y yo no he sabido hacer nada mejor que reaccionar del modo equivocado: ¡he sido agresivo y grosero!

Hace una pequeña pausa, sacude la cabeza tristemente y después continúa.

—Pienso que ahora las explicaciones son suficientes. No te pido que lo entiendas. ¡Te pido solamente que me disculpes! —suspira—. ¡Te prometo que seré un buen vecino! ¡Espero poder llegar a ser un buen amigo!

La velada, no obstante el inicio melancólico, transcurre alegremente. Los platos preparados por la mujer de Pablo son excelentes. Una vez en casa, Isabel y Roberto permanecen durante un rato sentados sobre los escalones de la casa de Roberto contemplando el magnífico cielo estrellado y después se desean las buenas noches, finalmente serenos.

Dos meses más tarde Isabel ha terminado la novela, la casa editorial está contenta de su trabajo y quiere publicarlo lo antes posible.

La joven debería regresar a su ciudad, pero la vida en Trevélez le gusta mucho, Roberto es un vecino encantador y lleno de atenciones, Laura y César son unos amigos muy queridos, la gente del pueblo les quiere y está muy orgullosa de hospedar a una escritora tan famosa. Muchos le piden que escriba una novela que cuente la historia y las tradiciones de las Alpujarras. Y Isabel lo está pensando seriamente.

Se asoma a la terraza y ve a Agamenón en el jardín vagabundeando a la búsqueda de aventuras bajo el tibio sol otoñal. Bobo la saluda con un ladrido amistoso, mientras Roberto, que está trabajando en el jardín, le pregunta si la semana próxima quiere ir con él al mercado de Orgiva.

—¡Claro que si! —le contesta Isabel— ¡Con mucho gusto!

Y entonces, se pregunta la feliz joven: «¿Por qué razón tendría que dejar este rincón del paraíso?»

Después de leer

Comprensión lectora

1 **Vuelve a leer el capítulo 7 y elige la alternativa correcta.**

1 Laura está preocupada y quiere llevar a Isabel

  a ☐ al hospital

  b ☐ a casa

2 El señor Benítez regala a Isabel

  a ☐ un ramo de flores

  b ☐ una caja de bombones

3 Los comensales del restaurante no pueden evitar mirar a

  a ☐ la pareja

  b ☐ el menú

4 El señor Benítez había conocido a Betty

  a ☐ en un viaje de negocios

  b ☐ en un crucero

5 Sobre la mesa el señor Benítez encontró

  a ☐ una tarjeta postal

  b ☐ una carta

6 En Trevélez el señor Benítez buscaba

  a ☐ la soledad

  b ☐ la felicidad

7 La casa editorial quiere publicar la novela

  a ☐ lo antes posible

  b ☐ lo más tarde posible

8 Finalmente la joven decide

  a ☐ volver a su ciudad

  b ☐ quedarse en Trevélez

Léxico

2 Vuelve a leer el capítulo 7 y encuentra los nombres que corresponden a cada definición.

1 Persona o cosa muy fea.   M _ _ _ _ _ _ _

2 Empresa de resultado incierto o que presenta riesgos.
   A_ _ _ _ _ _ _

3 Cantar entre dientes sin articular palabras.   T _ _ _ _ _ _ _

4 Hablar con pronunciación vacilante y dificultosa.   B _ _ _ _ _ _ _ _

5 Tristeza melancólica originada por el recuerdo de una dicha perdida.   N _ _ _ _ _ _ _ _

6 Reunión nocturna de varias personas para solazarse.   V _ _ _ _ _

3 Asocia cada adjetivo con su contrario.

1 atento	a	☐	ancho
2 reservado	b	☐	deshinchado
3 descortés	c	☐	moderado
4 melancólico	d	☐	educado
5 famoso	e	☐	habitado
6 extremado	f	☐	aburrido
7 divertido	g	☐	alegre
8 deshabitado	h	☐	desconocido
9 hinchado	i	☐	extrovertido
10 estrecho	l	☐	grosero

4 Roberto e Isabel van a cenar a un bonito restaurante, *La espiga dorada*. ¿Cuál podría ser el menú? Escribe tres entrantes, tres platos principales, y tres postres.

Entrantes   ....

Platos principales   ....

Postres   ....

5 **Completa el crucigrama con las siguientes frutas y verduras.**

Vertical

1 Fruto de un árbol americano de la familia de las palmas, del tamaño de un melón, cubierto de dos cortezas, la primera fibrosa y la segunda muy dura que tiene adherida una pulpa blanca y gustosa y en la cavidad central líquido.

2 Fruta casi redonda de unos dos centímetros de diámetro, con surco lateral, piel lisa de color rojo más o menos oscuro y pulpa muy jugosa, dulce y comestible, suele ir en racimos de dos.

3 Fruta casi redonda, que termina en punta, de un centímetro de largo, roja, suculenta y fragante. Las que se cogen en el bosque son mucho más pequeñas pero igualmente deliciosas.

Horizontal

4 Es una baya casi roja de superficie lisa y brillante en cuya pulpa hay numerosas semillas, algo aplastadas y amarillas. Se pone en la ensalada y con él se hacen muchas salsas para las pasta.

5 Fruta de forma globosa, de color verde claro, amarillo, encarnado... la de Blancanieves es roja.

6 Cada una de las partes o dientes en que está dividido este bulbo de color blanco, redondo y de olor fuerte. Se usa mucho como condimento.

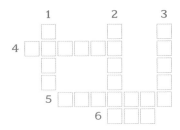

Expresión escrita

6 Isabel va a casa de Laura y César y les informa del desagradable episodio con el señor Benítez. ¿Cómo podría contarlo?

«Esta mañana cuando he vuelto a casa estaba feliz y nada cansada, así que he decidido darme una ducha y después del desayuno trabajar en la novela.

Cuando de repente...»

Continúa tú.

....

....

7 Escribe un correo electrónico a un/a amigo/a con todas las informaciones que recuerdas sobre Las Alpujarras.

....

....

Expresión oral

8 Parece que Isabel ha decidido continuar su estancia en Trevélez. ¿Cómo podría continuar la historia?

9 Por parejas. Completa poniendo una X a los alimentos que te gustan. Pregunta a tu compañero « ¿Te gusta...? » Y tu compañero responderá « Sí, me gusta... » o « No, no me gusta... » Una vez preguntas tú y otra vez él a ti.

	manzana	pera	tomate	fresa	coco	cereza	melón
Me gusta							
No me gusta							

1 Ordena los dibujos y a continuación haces un resumen de la historia.

2 Escribe todas las informaciones que recuerdas sobre los personajes.

1 Isabel ....

2 El señor Benítez ....

3 César ....

4 Laura ....

5 Betty ....

6 Pablo ....

7 El perro Bobo ....

8 El gato Agamenón ....

3 En el texto se mencionan varias partes del cuerpo. Señálalas en la foto. Completa las que faltan.

3

2

1

4

6

5

8

7

4 Pequeñas adivinanzas sobre geografía.

1   Río que pasa por Trevélez. ....

2   Tiene un bonito mercado de artesanía. ....

3   Laura va allí a comprar provisiones. ....

4   Laura se va allí de excursión. ....

5   La nación de la cual proviene Betty. ....

6   El pueblo donde viven los protagonistas de la historia.
     ....

7   Un pico de la Sierra Nevada. ....

8   Betty vino a vivir a ....